Ursula Wölfel
25 winzige Geschichten

Die Autorin:

Ursula Wölfel wurde 1922 in Duisburg-Hamborn geboren. Sie studierte Literatur und Pädagogik. Heute wohnt sie in dem Odenwalddorf Neunkirchen in der Nähe von Darmstadt. Sie hat viele erfolgreiche Jugendbücher geschrieben und wurde oft mit Preisen ausgezeichnet. Ihre Bücher sind in viele Sprachen übersetzt worden. Einige Titel ihrer Kinderbücher: ›Fliegender Stern‹, ›Dreißig Geschichten von Tante Mila‹, ›Die grauen und die grünen Felder‹, ›Du wärst der Pienek‹, ›Neunundzwanzig verrückte Geschichten‹ und ›Eine und sechsundzwanzig ABC-Geschichten‹. Für das Lesealter ab 12 schrieb Ursula Wölfel ›Mond Mond Mond‹, dtv junior 7014, und ›Jakob, der ein Kartoffelbergwerk träumte‹, das sich auch an Erwachsene richtet. An jung und alt wendet sich auch ihr jüngstes Buch ›Die Glückskarte‹.
Titel der Autorin bei dtv junior: siehe Seite 4

Die Illustratorin:

Bettina Wölfel ist mit dem Kinderbuch aufgewachsen. Ihre Mutter Ursula Wölfel ist nicht nur die Autorin des vorliegenden Bandes, sondern eine namhafte Kinder- und Jugendbuchschriftstellerin, die Zeichen setzte.
Bettina Wölfel hat fast alle Bücher ihrer Mutter illustriert. Für die Illustration zu dem Buch ›Unten steht der Semmelbeiß‹ kam Bettina Wölfel auf die Ehrenliste zum Hans-Christian-Andersen-Preis – ihre höchste Auszeichnung bisher.
Bettina Wölfel hat aber auch eine eigene Kindergeschichte für das erste Lesealter veröffentlicht unter dem Titel ›Fabia hinter den Hügeln‹.

Ursula Wölfel

25 winzige Geschichten

Mit Zeichnungen von Bettina Wölfel

Deutscher
Taschenbuch
Verlag

dtv

Von Ursula Wölfel sind außerdem bei dtv junior lieferbar:

Mond Mond Mond, Band 7014
Wie kam der Affe auf die Schulbank?, Band 70028
Jacob, Leinewebersohn, geb. 1821, Band 70174

In der Reihe dtv junior Lesebär:
Geschichten-Sammelsurium (Schreibschrift), Band 7513
Geschichten-Sammelsurium (große Druckschrift), Band 7576
Noch ein Geschichten-Sammelsurium (große Druckschrift), Band 7590
Hannas Reise (große Druckschrift), Band 7595

Ungekürzter Text, ohne Farbseiten, mit zum Teil neuen Schwarzweiß-Zeichnungen für die Taschenbuchausgabe
Titel der Originalausgabe: ›Winzige Geschichten‹
1. Auflage Februar 1988
Deutscher Taschenbuch Verlag GmbH & Co. KG, München

ISBN 3-7779-0382-5
Umschlaggestaltung: Celestino Piatti
Umschlagbild: Bettina Wölfel
Gesetzt aus der Garamond 12/13'
Gesamtherstellung: Kösel, Kempten
Printed in Germany · ISBN 3-423-07586-4
2 3 4 5 6 7 · 95 94 93 92 91 90

Stampf nur fest auf den Schnee
mit den roten Stiefeln,
daß die kleine Quelle wieder auftaut,
daß die dürre Zwiebel Wasser saugt,
daß der Mäuserich zur Maus kommt
und die Bäume Blätter treiben –

daß die Vögel wieder Nester bauen,
daß die Maus bald kleine Mäuse hat,
und die rote Tulpe blüht!

Komm, wir kehren die Straße
mit dem großen Besen.
Dann finden wir sieben Sachen:

Einen alten Fahrschein,
einen krummen Nagel,
eine Vogelfeder,
einen grünen Pfennig,
ein Bonbonpapier,
eine Spiegelscherbe,
und vielleicht,
und vielleicht
einen goldnen Knopf für deine Jacke!

Das Huhn hat ein Ei gelegt,
ein weißes Ei,
ein schönes Ei.
»Gaaa!« ruft das Huhn.
»Ga-ga-ga-gaaa!«

Aber nun sieht es ein anderes Huhn,
das hat ein Salatblatt.
Das Huhn vergißt sein Ei
und hackt nach dem anderen Huhn.
Es will das Salatblatt haben.

Da holt die Frau das Ei
und backt daraus
einen dicken Eierkuchen
für dich und für mich.

Im Hollerbusch hinter der Mauer
sitzt die Amsel mit der weißen Feder
und flötet und flötet
ihr langes Amsellied.
Dann fliegt sie weg
und immer weiter weg.

Wer schneidet mir eine Flöte
vom grünen Hollerzweig?
Dann blase ich das Amsellied,
und die Amsel mit der weißen Feder,
meine Amsel hört die schönen Töne,
und sie kommt zurück zum Hollerbusch,
und sie kommt zurück zu mir.

»Sucht mich, sucht mich!«
hab ich gerufen,
und ich hab mich versteckt
hinter der Tonne im Hof.

Alle laufen vorbei.
»Hallo, hallo, wo bist du?«
Als wäre ich nicht mehr da,
als wäre ich gar nicht mehr da.

Ich habe Angst.
Da kommen sie endlich
und finden mich!
Ich bin wieder da
bei den anderen.

Mein Ball ist in die Wiese gerollt.
Da liegt er unter den großen Blättern
am Zaun, wo die Kröte wohnt.

Bleib sitzen, Kröte, hüpf nicht fort!
Ich will nur meinen Ball holen
und dich ansehen.
Ich komme ganz leise.
Du bist eine liebe Kröte.

Warum schlaft ihr so lang?
Ich möchte jetzt im Hof sein
und mit der Katze Dreirad fahren.

An der Mauer wachsen wilde Erdbeeren.
Vielleicht sind sie reif,
und die anderen Kinder essen sie auf?

Oder ein Flugzeug fliegt übers Haus,
ein weißes Segelflugzeug,
und an den Flügeln hat es Hände,
die werfen für die Kinder
kleine Flugzeuge hinunter,
hundert kleine weiße Flugzeuge.
Ich kann nicht mehr schlafen,
wacht auf, bitte, wacht auf!

Katze, Katz, was lauerst du
am Lavendelbusch?

Schmetterling, Schmetterling,
flieg doch fort!

Katze, Katz, wie hoch du springst!
Aber fliegen, Katze, fliegen,
aber fliegen kannst du nicht!

Es brennt auf dem Schuttplatz,
komm mit, komm mit!
Das ist ein Feuer!
Es frißt das alte Papier,
den zerrissenen Schuh,
und Koffer und Kisten.

Die Flammen springen
und recken sich hoch
und ducken sich nieder.
Das Feuer ist schön,
das rote und gelbe,
das grüne und blaue,
das wilde, das heiße,
das schreckliche Feuer
ist schön!

Aber die Ente aus Holz
darf nicht brennen.
Komm, Ente, komm!

Gib acht, das Feuer,
es leckt, es springt,
lauf weg, lauf weg!

Heute bin ich traurig aufgewacht.
Ich weiß nicht, warum.
Alle fragen: »Was tut dir weh?
Warum bist du traurig?«
Nichts tut mir weh.
Ich bin nur traurig.

Alle sagen: »Die Sonne scheint!
Warum bist du traurig?«
Aber ich kann es nicht sagen.
Ich bin nur traurig.

Auch mein Bär ist heute traurig,
und ich weiß nicht, warum.
Alle sollen uns in Ruhe lassen.

Mohn heißt diese rote Blume,
Glockenblume heißt die blaue Blume,
Löwenzahn heißt diese gelbe Blume,
Schöne Winde heißt die weiße Blume,
und die großen gelb und weißen Sterne
heißen Margeriten.

Du mit dem Stock,
schlag sie nicht!
Schlag nicht die schönen Blumen!

Bald habe ich Geburtstag.
Ich wünsche mir ein Boot,
ein richtiges Paddelboot
zum Aufblasen,
und einen Hund wünsche ich mir,
dem will ich einen Namen geben.

Wir machen eine Geburtstagsreise
zu Großmutter und Großvater,
und wenn ich ein Boot habe,
fahre ich über den Teich,
und wenn ich einen Hund habe,
nehme ich ihn mit.
Er muß in meinem Boot
ganz still sitzen.

Und wenn ich kein Boot bekomme
und keinen Hund?
Weißt du vielleicht schon,
was ich zum Geburtstag bekomme?

Jeden Abend, wenn du schläfst,
geht das Pferd zum Teich.
Auf dem Wasser spiegelt sich der Mond,
und mit seinem weichen Maul
trinkt das Pferd
das Bild vom schönen Mond.

Ich habe ein Haus mit einem Dach
und einer richtigen Tür.
Kommst du bitte?
Besuchst du mich?
Ich bin immer allein
in meinem Haus.

Ich mache dir die Tür auf,
wir essen Honigbrote
und sehen aus dem Fenster:

Da käme gerade ein Mann vorbei
mit einem Wildschwein an der Leine!
Wir würden das Schwein
mit Honigbrot füttern,
und alle Leute würden sich wundern,
weil wir so mutig sind!

Kommst du bitte?
Besuchst du mich?

Lauf dreimal durch den Garten,
einmal den langen Weg,
einmal den kurzen Weg,
einmal rundum,
und sag den Gemüsen,
sie möchten doch bitte
ein bißchen schneller wachsen,
damit wir morgen
eine Suppe kochen können,
eine rote, grüne, gelbe,
eine bunte Sommersuppe
aus Zwiebeln und Möhren,
aus Erbsen und Bohnen,
aus Lauch und Tomaten,
aus Kohl und Kartoffeln,
aus viel Petersilie und Bohnenkraut.
Du mußt aber alle
recht freundlich bitten,
damit sie bis morgen
noch fleißig wachsen.
Das wird eine gute Suppe!

Mein Bruder hat eine neue Jacke,
und ich bekomme keine.
Sie sagen alle:
»Wie hübsch er aussieht,
in der neuen Jacke!«

Ich will keinen Bruder haben.
Ich schmeiße seine neue Jacke
in den Dreck!
Zertrampeln will ich sie!

Aber das sage ich nur.
Das tue ich nicht.
Mein Bruder ist noch so klein.

Blitze machen den Himmel weiß,
Donner rumpelt und knallt,
Sturmwind biegt den Baum!

Der große Hund hat Angst,
er jault, er zittert.
Da nehme ich den großen Hund
ganz fest in meine Arme.

Der Hund, der große Hund,
nun hat er keine Angst mehr.

Der Staubsauger,
der Brummer, der Brüller,
mein kleines Auto will er fressen.
Ich schreie: »Halt, hör auf!«
Und er brüllt einfach weiter.
Das kleine Auto liegt vor seinem Maul,
und meine Mutter sieht es nicht,
und meine Mutter hört mich nicht!

Da gehe ich ganz nah heran,
ich strecke meine Hand aus,
ich drücke meinen Zeigefinger
auf den roten Knopf.
Da ist er still,
der Brummer, der Brüller.

Ich nehme ihm das kleine Auto ab.
Jetzt hab ich keine Angst mehr
vor dem Brummer.
Jetzt muß er tun, was ich will!

Der Wind, Wind, Wind
hat einen Luftballon gestohlen.
Er hat ihn über die Mauer geblasen
und über den Baum,
er hat ihn übers Land getragen
bis zu den hohen Bergen
und bis zum Meer mit den Schiffen.
Ein Vogel wollte den Luftballon fangen,
den schönen Luftballon,
da hat der Sturm ihn weggerissen,
da haben die Wolken ihn mitgenommen,
und keiner weiß, wohin.
Gib acht!
Vielleicht fliegt er morgen
an unserem Haus vorbei?

Wenn sie abends fortgehen,
die Mutter und der Vater,
dann mach ich mich ganz klein,
so klein wie eine Haselnuß.

Ich krieche in Vaters Tasche,
ich verstecke mich in Mutters Bluse,
und immer bin ich bei ihnen,
und sie wissen nichts davon.

An der Straße stehen Apfelbäume,
in den Bäumen hängen rote Äpfel,
und in jedem Apfel
ist ein kleines Haus,
und in jedem Apfelhäuschen
sind fünf Zimmer,
und in jedem Apfelzimmer
liegt ein blanker brauner Kern,
und in jedem Apfelkern
schläft ein winzig kleiner
neuer Apfelbaum.

Glaubst du das nicht?
Dann halt einen Apfel ans Ohr,
sei still, ganz still:
Hörst du,
wie die neuen Bäume rauschen?

Vom Haselbusch fallen die Nüsse
für das Eichhorn, für die Maus,
und für den Häher
mit den schönen blauen Federn.

Von den Bäumen fallen bunte Blätter,
sie knistern und rascheln und rauschen,
wenn der Fuchs durch den Wald läuft.
Die Maus will er fangen,
das Eichhörnchen jagen!

Aber die Blätter rascheln und rauschen,
die Tiere hören den Fuchs,
und schon sind sie weg!

Siehst du das Eichhörnchen, Fuchs?
Siehst du die Maus und den Häher?

Ich habe Schnupfen.
Meine Nase läuft,
mein Kopf tut weh,
und meine Augen brennen.
Ich mag nicht essen,
ich mag nicht spielen,
gar nichts mag ich.
Und auf der Straße
sagen die Kinder »Rotznase« zu mir.

Jetzt bleibe ich zu Hause.
Mein Vater liest mir Geschichten vor,
meine Mutter gibt mir Himbeersaft,
und heute abend darf ich
mit der scharfen Schere
Bilder aus der Zeitung schneiden.

Wartet, ihr da draußen,
wenn ihr Schnupfen habt,
dann sage ich zu euch »Rotznase«!

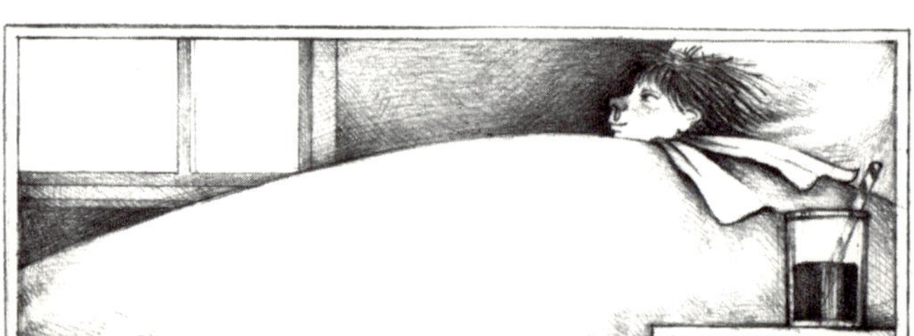

Wenn der Weidenbaum
keine Blätter mehr hat,
fliegt das Rotkehlchen fort.

Wenn die Nebel kommen,
und graues Wasser
steht in den Straßenbahnschienen:
dann sitzen am Abend die Krähen
im kahlen Weidenbaum.
Sie rufen: »Ha-haa! Kra-haa!
Ha-haa! Kra-haa!«
und lachen über den Nebel
und lachen über den Winter.

Und wenn der Weidenbaum endlich
neue Blätter bekommt,
fliegen die Krähen
hinaus zu den Feldern.

Dann kommt das Rotkehlchen wieder.

Ich habe eine Mütze,
eine blaue Zaubermütze,
die hat meine Mutter gestrickt.

Ich ziehe die Mütze über die Ohren,
dann kann ich viel besser
den Ball fangen und schaukeln
oder allein einkaufen gehen
oder meine Strümpfe suchen,
unter dem Bett, im Dunkeln.

Ich schiebe die Mütze aufs rechte Ohr:
dann muß ich lachen und lachen.
Ich schiebe die Mütze aufs linke Ohr:
dann tanze ich und tanze!
Ich schiebe die Mütze nach hinten,
dann weiß ich, wie du heißt.
Soll ich es sagen? Du heißt